AF266462

COMMENT

LA FRANCE

A SUPPORTÉ

LES CHARGES DE LA GUERRE DE 1870-1871.

Par René TELLIEZ,

Juge au Tribunal civil de Lille et Membre titulaire de la Société des Sciences de l'Agriculture et des Arts de Lille (1).

La guerre de 1870 a infligé à la France d'immenses pertes. Celles qui se traduisent en chiffres ne s'élèvent pas à moins de 14 milliards, suivant les évaluations les plus autorisées, que nous allons, d'ailleurs, contrôler. Jamais peuple n'eut à supporter une aussi lourde charge, et cependant, sous le poids qui semblait devoir l'écraser, la France s'est relevée et elle étonne le monde entier par sa vitalité.

Avec le temps elle triomphera de son désastre financier, et déjà elle se sent, à ce point de vue, raffermie et rassurée. Mais, à cela s'ajoute un déchirement qui la laisse inconsolable : la perte de l'Alsace et de la Lorraine.

Pour nous, économiste, le problème financier étant le seul qu'il convienne d'envisager, c'est à ce point de

(1) *Extrait des Mémoires de cette Société, année 1876, tome II, 5ᵉ série.*

vue que nous allons essayer d'esquisser le tableau de sa situation financière et d'en déduire les enseignements économiques inscrits sur cette triste page de notre histoire.

« C'est dans le travail et l'épargne que les peuples trouvent les » premières sources de leur richesse. »

A cette maxime, qui sert de frontispice à l'immortel ouvrage d'Adam Smith, ajoutons ces paroles de Francklin : « Si quelques-uns vous disent que vous pouvez vous enri- » chir autrement que par le travail et par l'épargne, ne » les écoutez pas, ce sont des empoisonneurs, » et nous aurons le secret, à la fois, des ressources au moyen desquelles la France a pu supporter les charges accumulées sur elle par les événements de 1870-1871, et de sa situation financière actuelle, comparée à celle de son vainqueur.

Les charges résultant, pour la nation française, de l'invasion allemande, sont complexes, et, pour s'en rendre compte, il importe d'en faire une sorte de classement, suivant leur nature et leur origine.

En première ligne se place naturellement cette effroyable rançon de cinq milliards, qui n'a pas d'égale dans l'histoire militaire et financière du monde. A ce chiffre, il faut ajouter 200 millions imposés à la ville de Paris comme condition de l'armistice, et 50 millions prélevés sur d'autres villes. Total cinq milliards deux cent cinquante millions. . . . . . . 5^{milliards} 250^{millions}.

Les réquisitions subies par les départements envahis et les dépenses occasionnées par l'occupation, depuis les préliminaires de paix jusqu'à la sortie

A REPORTER. . . . 5^{milliards} 250^{millions}.

REPORT. . . . 5^{milliards} 250^{millions}.

de France du dernier soldat allemand, s'élèvent à plus de cinq cents millions. » 500

Dans un discours prononcé le 20 juin 1871, M. Thiers évaluait à trois milliards les frais de la guerre, soutenue d'abord contre l'Allemagne, puis contre la commune, et, en effet, nous voyons cette somme figurer aux budgets extraordinaires de guerre pour les années 1870 et 1871. 3   »

Les états des dommages résultant de la guerre, pour les villes et les communes, dressés par commissions compétentes, s'élèvent à six cent cinquante-neuf millions. . . . . » 659

Les réparations ou reconstructions de ponts et d'ouvrages d'art détruits par la guerre ou le Génie militaire, dans l'intérêt de la défense, sont évaluées à cinquante millions. . . . . » 50

Nous voici déjà à un chiffre de neuf milliards quatre cent cinquante-neuf millions . . . . 9^{milliards} 459^{millions}.

En effet, le chiffre de M. Magne, en 1873, pour les dépenses résultant directement de la guerre, était de *neuf milliards deux cent quatre-vingt-huit millions*, et celui de M. Mathieu Bodet, en janvier 1875, de *neuf milliards huit cent vingt millions.*

Si on ajoute à cela la dépense que nécessite la reconstitution de notre matériel de guerre, de nos approvisionnements épuisés, et la remise en état de nos forteresses, qui ne peuvent s'évaluer à moins d'un milliard cinq cents millions ; l'augmentation des pensions militaires, qui est de plus de quarante millions, et que, d'autre part, on se rende compte de la perte occasionnée par l'arrêt subit des transactions et la baisse violente de toutes les valeurs, on arrive à reconnaître que cette funeste guerre a coûté à la France, comme je le disais en commençant, plus de *quatorze milliards*, sans compter le déficit occasionné au budget par la perte de l'Alsace et de la Lorraine.

Comment la France a-t-elle supporté une pareille crise ? Comment, en son état de détresse, a-t-elle pu payer comptant plus de cinq milliards de francs ? C'est au rapport de M. Léon Say, sur le paiement de l'indemnité de guerre, qu'il faut le demander.

Et, tout d'abord, était-ce bien une indemnité que ce paiement de cinq milliards imposé au vaincu ? Une publication de M. Adolphe Wagner, professeur d'économie politique à l'Université de Berlin, nous édifie sur ce point.

Suivant les évaluations qu'il admet lui-même, les dépenses de l'Allemagne, occasionnées par la guerre, ne s'élevaient pas à plus d'un milliard cinq cents millions. Ce n'était donc pas une indemnité, mais une pénalité que le vainqueur imposait au vaincu mis à merci, et l'énormité de la rançon surprenait l'Allemagne elle-même. Dans son âpre franchise, M. Wagner reconnaît que cette exigence avait pour but d'exercer une pression sur l'économie entière de la France, avec une signification analogue à celle de la séparation de l'Alsace et de la Lorraine. Il fallait, dit-il, nous affaiblir et laisser à notre pays un ineffaçable souvenir de l'invasion allemande.

Le peuple qu'on maltraitait ainsi, était-il, cependant, si coupable, et les progrès de la civilisation ne comportaient-ils pas un droit des gens moins rude ?

Je n'ai pu m'empêcher de céder à ces réflexions, et je reviens au paiement des cinq milliards et aux moyens employés pour y satisfaire. Nous trouverions l'explication du mode intervenu chez M. Wagner lui-même, si nous ne l'avions dans le rapport de M. Léon Say :

La France se distingue, entre les autres nations, par une grande division de la fortune, par le travail et l'épargne. En 1870, elle avait, parmi ses épargnes, de nombreux placements faits à l'étranger. Lorsqu'il a fallu payer la contribution de guerre (j'évite à dessein le mot indemnité), nous avons eu recours, d'abord, à l'emprunt, puis à une colossale opération de change international. Vous savez tous comment ont été couverts les emprunts, et quel a été le succès du dernier, celui de 3 milliards, qui, à l'honneur de notre pays, restera un des faits les plus considérables de notre temps. Mais, ce qui reste le plus généralement ignoré, c'est l'opération à laquelle a dû se livrer le Trésor pour faire passer de France en Allemagne des valeurs s'élevant à plus de cinq milliards, sans jeter une perturbation profonde sur le marché monétaire, et, à cet égard, je crois bon d'entrer dans quelques explications.

Nous devions payer 1 milliard 500 millions en 1871, 500 millions au 12 mai 1872, et les 3 autres milliards en-dedans du 2 mars 1874. Ces sommes portaient intérêt à 5 % et nous avions la faculté d'anticiper les versements en prévenant trois mois à l'avance. Cette faculté ne nous avait pas été contestée par le vainqueur, qui devait occuper notre territoire jusqu'à libération de notre dette, et, de son aveu, il s'attendait à y rester au-delà du terme prévu. Tout a été payé, cependant, avant l'échéance, et l'évacuation des troupes allemandes s'est trouvée accélérée de près d'une année.

Y compris les intérêts, nos versements se sont élevés à 5 milliards 315 millions (je néglige les fractions). De

documents officiels il résulte que 617 millions seulement
ont été payés en monnaie française. . . »milliards 617millions.

Pour le reste, l'Allemagne a reçu, en
billets de la Banque de France, 125 millions . . . . »   125

En lettres de change, 4 milliards
248 millions. 4   248

En y ajoutant la cession des chemins
de fer de l'Est, pour 325 millions. . .   325

On arrive au total de 5 milliards 315
millions . . . . 5milliards 315millions.

Nous avons donc payé à l'Allemagne, en lettres de
change, 4 milliards 248 millions. Comment le Trésor
français a-t-il pu acheter une aussi grande quantité de
change sur l'Allemagne? Il est certain que le public a,
dans ces circonstances, vendu un grand nombre de
valeurs étrangères pour souscrire aux emprunts, et les
relevés de la Bourse de Paris en donnent la preuve. Le
produit de ces ventes s'étant centralisé, au moyen de
l'emprunt, dans les mains de notre Gouvernement, le
Trésor s'est mis en rapport avec les principales maisons
de banque et institutions de crédit de l'Europe, et, avec
autant de décision que d'habileté, il a réalisé une prodigieuse opération de change.

« Quant à l'opération même du change (porte le rapport
» de M. Léon Say), et à la composition du portefeuille de
» 4 milliards et plus, que le Trésor a réunis, on peut dire
» que les coupons de valeurs étrangères restées en France
» et que les valeurs étrangères exportées en ont donné la
» majeure partie, presque la totalité, à l'exclusion du
» mouvement des marchandises et de celui des métaux
» précieux. . . . . . »

Et, plus loin, il ajoute : « Les choses se sont passées

» comme si les 5 milliards avaient été remis à Berlin en
» titres de rente et comme si les Français avaient envoyé
» leurs épargnes à Berlin pour racheter ces titres de rente,
» de même qu'ils les envoyaient autrefois en Italie, aux
» États-Unis, en Autriche, en Turquie, pour acheter de
» la rente italienne, américaine, turque, ou des actions
» ou obligations de chemins de fer autrichiens. »

Ainsi, nous avons payé avec le produit d'emprunts ;
mais, grâce aux mesures qu'il a su prendre, notre Gouvernement est parvenu à réaliser une économie considérable, et les versements ont eu lieu sans provoquer aucun
trouble dans notre œuvre de production.

Un tel résultat tient du prodige, et nous manquerions
à un devoir de reconnaissance si nous n'en reportions
l'honneur à ceux dont le patriotisme a si puissamment
contribué à la libération du territoire.

Au point de vue de la science économique, les réflexions
qu'il fait naître sont des plus consolantes et elles démontrent que notre siècle a réalisé un immense progrès.

Dans un précédent travail, j'ai tenté de vous montrer
combien est restreinte la part de l'or et de l'argent dans
le capital de toute société et plus particulièrement dans
celui d'une nation industrieuse. Je comparais le numéraire, il m'en souvient, à de l'huile qui, placée dans les
rouages si multiples du grand mouvement social, facilite
les échanges ; mais, en vérité, j'étais loin de me rendre
un compte exact de sa mobilité, du degré d'aide que lui
apporte le crédit dans l'œuvre qu'il doit remplir, et de
la facilité avec laquelle il se reconstitue dès que le besoin
s'en fait sentir.

Nous avions à payer plus de 5 milliards, et c'est à
peine si les calculs les plus favorables faisaient monter à

pareille somme l'or et l'argent de notre pays, avant la guerre de 1870. Si, donc, nous avions dû payer en numéraire, c'est-à-dire de notre monnaie, la France eût vu disparaître son dernier écu. C'est à peine si un sixième de cette somme a été déplacé, et presque aussitôt, par une loi naturelle, l'argent, raréfié chez nous et devenu supérieur aux besoins en Allemagne, a fait retour à son point d'origine ; notre stock métallique a réparé sa diminution temporaire et s'est remis au niveau de ce qu'il était avant la guerre : témoin la reconstitution complète, et sans peine, de la réserve métallique de la Banque de France.

La réalisation de nos valeurs sur l'étranger a fait le reste.

Avant la guerre de 1870, on disait que l'Angleterre et la France s'étaient faits les banquiers du monde, au grand bienfait de tous. C'est encore à l'économie politique qu'il appartient d'expliquer comment ce mode, pour un peuple puissant, de manifester sa force d'expansion, s'est substitué à l'ancien procédé : l'agression et la conquête.

Chacun de nous se rappelle ce que fut et était récemment encore le système colonial, que trois peuples, plus particulièrement l'Espagne, la Hollande et l'Angleterre, ont, à des époques diverses, pratiqué sur une vaste échelle. C'était d'abord la main-mise des nations conquérantes sur des contrées lointaines, puis l'exploitation systématique de ces contrées, condamnées à s'épuiser pour satisfaire aux exigences de la métropole. Sous une forme un peu moins barbare c'était l'ancien procédé renouvelé des Romains. Si adoucie qu'elle fût, toutefois, elle laissait encore à désirer, même comme résultats ; elle amenait plus de misères d'un côté que de profits de l'autre.

L'Angleterre le ressentait et, insensiblement, elle a changé de système. A l'ancienne colonisation par la force, elle a substitué ce que l'on pourrait appeler : la coloni-

sation des capitaux, en portant, dans les contrées aux-
quelles elle voulait demander des bénéfices, le capital
qui féconde, au lieu de la force matérielle qui dessèche
et tue. Ainsi s'est trouvée réalisée, entre des pays divers,
l'alliance du capital fourni par les sociétés riches aux
sociétés moins fortunées, pour l'extension d'un travail
plus productif.

De cet état de choses nouveau, conforme, cette fois,
aux lois de l'humanité, est né un développement inoui de
la richesse générale. A ceux qui, pauvres, manquent
des instruments nécessaires pour vaincre une nature
rebelle, ou sont exposés aux privations, le capital
apporte des forces qui leur permettent d'améliorer leur
condition. Entre celui qui a fourni le capital (qui, rappe-
lons-le avec soin, n'est autre chose qu'un travail accu-
mulé) et celui qui l'utilise pour la fécondité de son travail,
la richesse accrue se partage. C'est la contribution volon-
taire et légitime, substituée à la contribution extorquée.

Telle est, Messieurs, la véritable signification de la
nouvelle pratique commerciale : la colonisation des capitaux, dont l'Angleterre a ouvert la voie, dans laquelle
la France est entrée à son tour.

Depuis trente années, environ, les épargnes françaises
ont servi, partie à développer de plus en plus le travail
national, partie à fournir des avances, soit à d'autres
États qui ont contracté des emprunts, soit à des compa-
gnies et même à des particuliers qui ont entrepris des
créations d'ordre utile. Les bénéfices que la France
retirait de ces placements s'élevaient, en 1870, à plu-
sieurs centaines de millions. Quand la fortune nous est
devenue contraire, leur transformation en souscription
nationale nous a permis de faire face aux cruelles exigences que nous avons dû subir. Nous cessons de toucher
le profit annuel que nous fournissait l'étranger, mais
notre force productive reste entière, nos instruments de
travail ne sont pas ébréchés, et, grâce à l'esprit de labeur

et d'économie qui la distingue, la France saura réparer sa fortune.

———————

Le paiement de la contribution de guerre expliqué, il me reste à examiner quelles en ont été les conséquences économiques, pour la France et pour l'Allemagne, et quelles sont les situations respectives du vainqueur et du vaincu.

C'est par l'emprunt et l'impôt que la France a pu jusqu'ici satisfaire aux charges qui lui sont imposées. De 1870 à 1875, les emprunts se sont élevés à 8 milliards 400 millions. Son budget, le plus colossal du monde, est de 2 milliards 500 millions ; il offre un surcroît annuel de 800 millions d'impôts nouveaux. Voilà ce que nous a coûté la fatale année 1870.

Si, même, au budget de l'État on ajoute celui des départements, de la ville de Paris et des communes, on arrive au chiffre de 3 milliards 616 millions, qui représente, aussi exactement que possible, l'ensemble des dépenses publiques en France.

M. Wagner prend soin de nous le rappeler, notre dette n'est pas éteinte, et, pour sa majeure partie, elle n'a fait que se transformer. C'est vrai. Y a-t-il là, cependant, un état de choses qui doive nous décourager ?

Si la France a pu étonner le monde dans sa détresse et trouver des ressources inattendues, au lendemain même de la période, en apparence, la plus désespérée qu'elle ait traversée depuis la guerre de cent ans, c'est qu'elle porte en elle-même le germe d'une prodigieuse fécondité. Dans cet admirable pays, où l'immense majorité des citoyens travaille, produit et économise, les leçons de l'adversité portent avec elles leurs fruits, et jamais elle n'a mis plus d'ardeur au travail. Le monde entier lui rend cette justice que, pour faire honneur à ses engagements, ses efforts sont à la hauteur de ses charges ; aussi, malgré ses pertes, son crédit en Europe est-il plus solide que celui de l'Allemagne elle-même. Pour s'acquitter de ses obligations nouvelles, elle a désormais du temps, et c'est beaucoup.

Il semblait, pour l'Allemagne, au contraire, que le versement entre ses mains d'une somme de plus de cinq milliards devait exercer une influence magique sur sa prospérité intérieure. Quel a été, en réalité, le profit qu'elle en a retiré, et même, en allant au fond des choses, y a-t-il eu profit ?

Sur le montant de la contribution, 150 millions ont été versés au trésor royal des Hohenzollern, 700 millions à la caisse des invalides, 799 millions ont été répartis entre les divers États de l'ancienne Confédération et les États du Sud annexés, 1 milliard et demi a servi à rembourser les dépenses de la guerre, et le reste a été, presque exclusivement, consacré à de nouvelles dépenses militaires et maritimes.

Au point de vue économique, c'est-à-dire d'une augmentation de forces productives, la contribution n'a rien produit. Je me trompe, et voici, de l'aveu même de M. Wagner, les résultats amenés :

Éblouie par le montant colossal des sommes reçues, l'Allemagne s'est crue assurée de la richesse, et, sans vouloir comparer son état à celui de l'Espagne quand l'or du Pérou y affluait, il s'est produit chez elle un effet analogue. A toute époque, et plus particulièrement à la nôtre, les capitaux qui ne se transforment pas en éléments de travail glissent aisément entre les doigts de ceux qui les possèdent.

Les Allemands ont voulu jouir de nos dépouilles opimes, et les documents officiels montrent que, depuis la guerre, leurs achats d'objets de consommation, tirés de l'extérieur, se sont rapidement élevés. En même temps, la masse de numéraire jetée soudainement sur leur marché

y a élevé le prix de toutes choses. Au renchérissement
général, qui venait ainsi rompre l'équilibre des recettes
et dépenses de nombreux ménages, s'ajoutait l'enivre-
ment du succès de la campagne de France. La tentation
des profits élevés devenait irrésistible, elle menait aux
entreprises téméraires. De là, une spéculation à outrance,
« l'*over speculation*, » qui s'étendit à toute l'Allemagne,
et dont l'Autriche elle-même a éprouvé le contre-coup.

On croyait triompher aussi aisément sur le marché
financier que sur le champ de bataille. L'illusion n'a pas
été de longue durée, et on écrivait de Berlin : « chose
étrange, nous sommes en détresse comme si nous avions
payé les 5 milliards au lieu de les avoir reçus. »

Quant à l'impôt qu'ont à supporter les populations
allemandes, non-seulement il n'a pas diminué, mais il
s'est augmenté, et, en ce moment même, le Gouvernement prussien cherche sous quelle forme il pourrait
trouver de nouvelles ressources indispensables, son
budget se réglant en déficits notables.

Quel est, en regard, l'état financier de la France ? Ses
charges sont énormes, c'est vrai ; mais jamais, aussi, sa
production n'a été plus active, plus puissante. Jamais,
non plus, ses finances n'ont été mieux administrées.
Ainsi, d'ingénieuses combinaisons diminuent le montant
de ses obligations (conversion en 3 % de l'emprunt
Morgan) ; l'amortissement fonctionne sur une large
échelle (remboursement des emprunts faits à la Banque
et liquidation des désastres de la guerre). Ce dont il faut
s'applaudir surtout, c'est de la ferme volonté, arrêtée
chez le Gouvernement, d'équilibrer le budget et de fermer
la porte au déficit. Le déficit était devenu l'état normal
des budgets du Gouvernement antérieur. Aujourd'hui,
l'équilibre est rétabli et les derniers états se soldent en
excédant. Tous les services publics sont convenablement
lotés, sauf pourtant, à mon humble avis, celui de l'ins-
truction publique, qui appelle encore de nouveaux sacri-

fices. Quant à celui de la guerre, qui était, au dernier budget de l'empire, de 385 millions, il figure pour 500 millions au budget de 1876.

Pour le paiement de l'impôt, si accru, la France fait largement les choses et jamais les poursuites n'ont été aussi peu nombreuses. Les impôts directs, fixes de leur nature, sont nécessairement stationnaires. C'est donc sur les impôts indirects qu'on peut mesurer l'accroissement de consommation. En 1875, proportion gardée, dans leur assiette, ils ont donné 140 millions de plus qu'en 1874. Les droits d'enregistrement ont offert 16 millions d'excédant sur les prévisions. Sur les douanes, l'augmentation est de 22 millions, comparativement à l'année antérieure. Les droits sur les boissons, le tabac et la poste ont donné 21, 16 et 8 millions de plus que les chiffres prévus.

Comme de règle, le mouvement général du commerce a suivi une progression correspondante. Il était de 6 milliards 228 millions en 1869, il s'est élevé à 7 milliards 527 millions en 1873, et depuis, il n'a cessé de s'accroître. Avant 1870, les importations de marchandises étaient en excédant sur les exportations; depuis 1872, la balance s'est renversée. Si cet état de choses ne correspondait à un plus grand mouvement d'affaires, je n'oserais en conclure qu'il en ressort une augmentation de prospérité: mais en combinant les deux éléments, on a la preuve incontestable d'une activité régulière et non interrompue dans le travail national.

En 1874, les recettes des chemins de fer ont donné un excédant de 110 millions sur les recettes de 1869, et celles de 1875 ont dépassé de 50 millions celles de 1874. La production de la houille, qui était de 132 millions de quintaux en 1869, s'est élevée à 170 millions en 1874. Celle des fers, des tôles et des aciers s'est accrue, malgré la perte de l'Alsace et de la Lorraine.

Indice plus satisfaisant encore, l'avoir des sociétés de

secours mutuels, qui était de 55 millions en 1869, s'est élevé à 62 millions en 1873, et depuis, il a été progressant. A l'inverse, et comme confirmation d'un état de choses rassurant pour la classe ouvrière, les dépôts au mont-de-piété ont été, depuis la guerre, notablement inférieurs à ce qu'ils étaient en 1869.

Tandis, enfin, que de 1871 à 1874, d'énormes faillites ont éclaté aux États-Unis, en Angleterre même, surtout à Vienne et sur diverses places de l'Allemagne, aucune faillite importante n'est venue impressionner le marché français. Aucune des grandes maisons, qui y sont connues par leur honorabilité et leur solidité, n'a succombé. Notre marché n'a cessé de s'affermir, l'encaisse de la Banque de s'accroître, les plus-values des impôts de s'élever, et, enfin (*criterium* admis par tous), les cours de nos rentes de s'améliorer.

De ce parallèle, entre notre production, depuis la guerre et celle de l'Allemagne, il ressort un enseignement précieux, et rien ne nous paraît meilleur et plus consolant que l'éclatante confirmation qu'on y trouve des vérités économiques. Désormais, il restera bien établi que c'est par le travail, et non par la conquête, que les nations peuvent s'enrichir; que le glaive ne tranche plus les questions de richesse, et, en cela, comme toujours, les règles économiques sont en accord avec l'idée morale.

J'ai terminé, Messieurs, la rapide esquisse que vous m'avez permis de mettre sous vos yeux. On croit aisément ce que l'on désire. Emporté par l'amour de notre chère patrie, n'ai-je pas présenté sa situation sous un jour trop favorable? Je ne le crois pas; mes données sont exactes, et, pour les résultats acquis, je n'ai pu me tromper. Quant à mes espérances d'avenir, les événements seuls pourront dire si elles ne se ressentaient pas des illusions du patriotisme.

Qu'ajouterai-je encore, qui ne soit sur les lèvres de chacun de vous. Ce qu'il faut maintenant à notre chère malade, devenue convalescente, c'est le repos qui permet de réparer les forces : une paix profonde à l'intérieur et à l'extérieur.

Ce que nous devons lui souhaiter, par-dessus tout, c'est un régime salutaire, exempt de secousses, conforme aux saines doctrines, et, plus particulièrement, de se tenir en garde contre ces théories aventureuses qu'inspire une philanthropie plus fervente que sensée. Dangereux déjà au temps de la santé, ces procédés empiriques sont presque toujours mortels appliqués aux sujets débilités.

L'épreuve est faite sur le moyen infaillible de réparer nos désastres et la route est tracée. Que la France continue d'y marcher avec sagesse et bientôt elle aura rétabli ses finances, reconquis sa place parmi les nations prépondérantes, et retrouvé son influence éminemment civilisatrice.

15 décembre 1875.

Nota. — Depuis l'époque où ce travail a été terminé, des chiffres on changé, la situation reste la même.

Lille-Imp. L. Danel